MW01178121

ISBN : 2-07-050637-1
Titre original : *Peter und der Wolf*
© Annette Beltz Verlag, 1979, Wien-München
© Éditions Duculot, Paris-Gembloux, pour la traduction française
© Éditions Gallimard Jeunesse, 1982, pour la présente édition
Numéro d'édition : 92920
Loi n° 49-956 du 16 juillet 1949
sur les publications destinées à la jeunesse
1er dépôt légal : novembre 1996
Dépôt légal : août 1999
© Christiane Schneider und Tabu Verlag Gmbh, München
pour le design de la couverture
Imprimé en Italie par Editoriale Lloyd

Gallimard Jeunesse

Pierre et le loup

Serge Prokofiev
Illustré par Erna Voigt

folio. benjamin

Pierre et le loup n'est pas seulement une histoire à lire et à regarder.
Le compositeur Serge Prokofiev a écrit sur ce conte une musique merveilleuse.
De très nombreux enregistrements sur disques ont été réalisés ;
ils ont rendu ce conte musical pour enfants célèbre dans le monde entier.
Un récitant raconte l'histoire et chaque personnage est représenté dans l'orchestre par un instrument différent :

Violon

Pierre, par les violons,
l'oiseau, par la flûte,
le canard, par le hautbois,
le chat, par la clarinette,
le grand-père, par le basson,
le loup, par trois cors
et les coups de fusil des chasseurs
par les timbales et la grosse caisse.

Découvrons maintenant l'histoire :
elle commence de façon paisible,
mais cela ne va pas durer long-
temps...

Un beau matin, le petit Pierre
ouvrit la grille du jardin...

mf

et s'en alla dans les grands prés verts. Sur la plus haute branche d'un grand arbre, était perché un petit oiseau, ami de Pierre.

« Tout est calme, ici »,
gazouillait-il gaiement.

Un canard arriva bientôt en se
dandinant, tout heureux que
Pierre n'ait pas fermé la grille
du jardin. Il en profita pour
aller faire un plongeon dans la
mare, au milieu du pré.
Apercevant le canard, le
petit oiseau vint se poser
sur l'herbe, tout près
de lui.
« Quel genre d'oiseau es-tu
donc, si tu ne peux voler ? »
dit-il en haussant
les épaules.

Hautbois

A quoi le canard répondit :
« Quel genre d'oiseau es-tu, si
tu ne peux nager ? » Et il
plongea dans la mare.
Ils continuèrent à se disputer,
le canard nageant dans la
mare, le petit oiseau voltigeant
le long de la berge.

Soudain, quelque chose dans l'herbe attira l'attention de Pierre. C'était le chat, qui approchait en rampant.
Le chat se disait : « L'oiseau est occupé à discuter ; je vais en faire mon déjeuner ! », et, comme un voleur, il avançait sur ses pattes de velours.

Clarinette

« Attention ! » cria Pierre, et aussitôt, l'oiseau s'envola sur l'arbre, tandis qu'au milieu de la mare, le canard cancanait furieusement contre le chat. Le chat, lui, rôdait autour de l'arbre en se disant : « Cela vaut-il la peine de grimper si haut ? Quand j'y arriverai, l'oiseau se sera envolé ! »

A ce moment, le grand-père apparut. Il était mécontent de voir que Pierre était allé dans le pré. « C'est un endroit dangereux ! Si le loup surgissait de la forêt, que ferais-tu ? » Pierre ne fit aucun cas des paroles de son grand-père.

Basson

Des garçons tels que lui n'ont pas peur des loups. Mais le grand-père prit Pierre par la main, l'emmena à la maison et ferma à clé la grille du jardin.

Il était temps ! A peine était-il rentré qu'un grand loup gris sortit de la forêt.

Cors

En éclair, le chat grimpa dans l'arbre.

et le petit oiseau est parti dans les arbres

stop tape
to read
next part

Le canard se précipita hors de
la mare en cancanant.

Hautbois

Mais il avait beau courir, le loup s'approchait de plus en plus vite, de plus en plus près, plus près encore... Il attrapa le canard et n'en fit qu'une bouchée.

Et maintenant, voici où en étaient les choses : le chat était assis sur une branche... L'oiseau posé sur une autre, à bonne distance du chat, bien sûr... tandis que le loup tournait autour de l'arbre en les fixant tous deux de ses yeux gourmands. Pendant ce temps, derrière la grille du jardin, Pierre observait la scène, sans la moindre frayeur.

Violon

Il courut à la maison, prit une grosse corde et grimpa sur le mur de pierre. Une des branches de l'arbre autour duquel tournait le loup passait par-dessus le mur. Pierre saisit cette branche et monta dans l'arbre.

Pierre dit alors à l'oiseau :
« Vole très bas et tourne
autour de la tête du loup,
mais prends garde qu'il ne
t'attrape. »
De ses ailes, l'oiseau touchait
presque la gueule du loup, qui
faisait des bonds furieux pour
essayer de le happer. Oh ! que
l'oiseau agaçait le loup !

Flûte

Que le loup avait envie de l'attraper !
Mais l'oiseau était bien trop adroit et le loup s'énerva en vain.

Pendant ce temps, Pierre avait fabriqué un lasso. En le laissant descendre tout doucement, il parvint à attraper le loup par la queue. Il tira de toutes ses forces. Se sentant pris, le loup se mit à faire des bonds sauvages pour tenter de se libérer. stop tape?

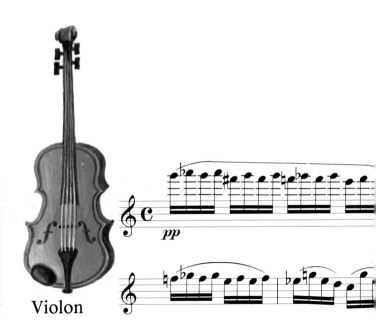

Violon

Mais Pierre attacha l'autre extrémité de la corde à l'arbre.
Plus le loup bondissait, plus la corde se resserrait autour de sa queue.

is the Pierre's music?

C'est alors que les chasseurs
sortirent de la forêt.

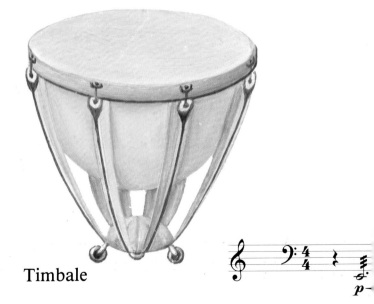

Timbale

Ils suivaient les traces du loup
et tirèrent des coups de fusil.

Du haut de l'arbre, Pierre leur cria : « Ne tirez pas, le petit oiseau et moi, nous avons déjà attrapé le loup !

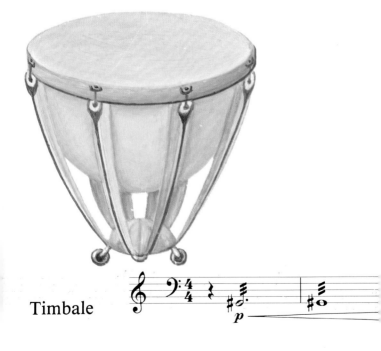

Timbale

Aidez-nous à l'amener au
jardin zoologique ! »

Et maintenant, imaginez la marche triomphale...
Pierre en tête, derrière lui, les chasseurs traînant le loup, et, fermant la marche, le grand-père et le chat.
Le grand-père, mécontent, hochait la tête : « Ouais... et si Pierre n'avait pas attrapé le loup, que serait-il arrivé ? » disait-il.
Au-dessus d'eux, le petit oiseau gazouillait gaiement : « Comme nous sommes braves, Pierre et moi !

Hautbois

Regardez ce que nous avons attrapé ! » Et, si vous écoutez très attentivement, vous entendrez le canard crier ~~dans le~~ *de loin.* ventre du loup, car, dans sa hâte, le loup l'avait avalé vivant. *Où est-il ? Et bien ! Le voilà. Il était caché dans une arbre. Bravo !*

BIOGRAPHIE

Serge Prokofiev est né en Russie en 1891. Tout enfant, il présentait des dons étonnants pour la musique. Sa mère, excellente pianiste, lui donna ses premières leçons. Il écrivit son premier opéra à neuf ans ! Plus tard, il eut comme professeur, le célèbre compositeur russe Rimski-Korsakov. Après la révolution russe de 1917, il se réfugia à l'étranger, passa en France, en Allemagne puis aux Etats-Unis. Ce n'est que de retour dans son pays natal, que Serge Prokofiev composa la plus grande partie de son œuvre : des opéras *(Guerre et Paix)*, des symphonies, des ballets *(Cendrillon ; Roméo et Juliette)*, des concertos, des sonates, des contes musicaux *(Pierre et le Loup)*.

Avec *Pierre et le Loup*, écrit en 1936, Prokofiev voulut s'adresser aux enfants, et les aider à reconnaître les différents instruments de musique. Un récitant raconte l'histoire tandis que l'orchestre joue. Chaque instrument de l'orchestre représente un personnage. La musique complète et illustre ce que raconte le récitant.

Serge Prokofiev est mort en 1953. Mais pour des millions d'enfants du monde entier, son nom est définitivement associé à celui de *Pierre et le Loup*.

DISCOGRAPHIE

Ce conte charmant et populaire a souvent été enregistré sur disque. Notons la version racontée par Gérard Philipe, avec l'orchestre symphonique de l'U.R.S.S. dirigé par Rojdestvenski (le Chant du Monde).

Egalement : Madeleine Renaud-Lorin Maazel (DGG 2538 054)

Jacques Brel-J.Laforge (Barclay)

Claude Pieplu-Igor Markévitch (La voix de son Maître)